Los lugares donde vivimos

por Susan Ring

Consultant: Dwight Herold, Ed.D., Past President,
Iowa Council for the Social Studies

Libros
sombrilla
amarilla
para lectores principiantes

Libros sombrilla amarilla are published by Red Brick Learning
7825 Telegraph Road, Bloomington, Minnesota 55438
http://www.redbricklearning.com

Editorial Director: Mary Lindeen
Senior Editor: Hollie J. Endres
Senior Designer: Gene Bentdahl
Photo Researcher: Signature Design
Developer: Raindrop Publishing
Consultant: Dwight Herold, Ed.D., Past President, Iowa Council for the Social Studies
Conversion Assistants: Katy Kudela, Mary Bode

Library of Congress Cataloging-in-Publication Data
Ring, Susan
  Los Lugares donde vivimos / by Susan Ring
      p. cm.
  Includes index.
  ISBN 13: 978-0-7368-7357-4 (hardcover)
  ISBN 10: 0-7368-7357-0 (hardcover)
  ISBN 13: 978-0-7368-7443-4 (softcover pbk.)
  ISBN 10: 0-7368-7443-7 (softcover pbk.)
  1. Human ecology--Juvenile literature. 2. Dwellings--Juvenile literature. 3. Food habits—
Juvenile literature. 4. Manners and customs—Juvenile literature. I. Title.
  GF48.R56 2005
  304.2—dc22

                                    2005015624

Adapted Translation: Gloria Ramos
Spanish Language Consultant: Anita Constantino

Copyright © 2006 Red Brick Learning. All rights reserved.
No part of this book may be reproduced without written permission from
the publisher. The publisher takes no responsibility for the use of any of
the materials or methods described in this book, nor for the products thereof.
Printed in the United States of America

Photo Credits:
Cover and Title Page: Jupiter Images; Page 2: Brand X Pictures; Pages 3–4: PhotoDisc
Images; Page 5: Corbis; Page 6: Medio Images; Page 7: Kopylov Dmitry/Itar-Tass Photos;
Page 8: David McNew/Getty Images, Inc.; Page 9: Rick D'Elia/Corbis; Page 10: View
Pictures/Richard Glover; Page 11: Jupiter Images; Page 12: David Cheskin/EPA Photos;
Page 13: Jupiter Images; Page 14: Chris Lisle/Corbis

1 2 3 4 5 6 11 10 09 08 07 06

Contenido

El mundo y la vida

Nuestro mundo está cubierto de praderas, desiertos, montañas, ríos y océanos. La gente vive en, o cerca de, todos estos lugares.

La mayoría del tiempo no podemos cambiar el terreno o el agua que está a nuestro alrededor. La gente ha aprendido camo vivir con el terreno y el agua que los rodea. ¿Cómo han hecho esto?

Comidas

Estas personas viven cerca del océano. Por la mañana ellos no van a una oficina. ¡Van a su barco! Cuando regresan a su pueblo, estos pescadores venden lo que han pescado.

Este granjero cosecha maíz en su granja.
Él vive en una **pradera**. La pradera es un
terreno llano que está cubierto de hierba.
Las praderas continúan por millas y millas.
Hay muchas granjas en estas praderas.

Este niño vive en la **selva tropical**. Sus antepasados han vivido aquí por miles de años. Las personas que viven en la selva tropical comen las plantas y los animales que encuentran allí.

Hasta en lugares fríos la gente ha aprendido camo usar la tierra para encontrar comida. Estos pescadores han cortado un hoyo en el hielo. Pronto podrán cenar pescado.

Viviendas

La gente necesita saber como trabajar con la tierra o el agua que los rodea. Por eso, estas casas están construidas sobre **pilotes**. Esto las protege de las inundaciones y de las olas del mar.

Esta gente vive en un desierto de los Estados Unidos. Con la ayuda del sol van a hacer ladrillos de **adobe** para construir sus casas. Van a usar los rayos calientes del sol para secar los ladrillos.

¿Cómo se usó el terreno en este lugar?
Estas casas se construyeron en el lado
de la montaña. ¡La roca de la montaña
forma la pared trasera de la casa!

Esta cabaña, hecha de madera, está en un bosque. El bosque provee toda la madera y sombra que se necesita para vivir allí. También se quema madera o leña dentro de la casa para calentarla.

Transporte

Aunque viven en lo alto de una montaña, la gente puede llegar al pueblo fácilmente. Pueden subir y bajar la montaña en este tipo de tren.

Esta ciudad en Italia no tiene carreteras. Tiene calles de agua que se llaman **canales**. ¿Cómo piensas que la gente de esta ciudad usa los canales?

El transporte puede ser difícil sobre el
hielo y la nieve. Estos renos jalan **trineos**
mientras atraviesan una carretera cubierta
de nieve y hielo. Por todo el mundo la
gente usa el terreno en maneras diferentes.
¿Cómo se usa el terreno donde vives tú?

Glosario

adobe   ladrillos de barro que se han secado en el sol

canal   vía de agua que se usa para el transporte

pilotes   postes que se usan para mantener una estructura levantada

pradera   espacios grandes y llanos donde crecen hierba y arbustos

selva tropical   una selva donde llueve todo el año

trineo   un vehículo que se desliza sobre la nieve o el hielo, cuando se jala por un animal como un reno o un caballo

Índice

Word Count: 383
Guided Reading Level: M